내 마음은 아직도 꽃봉오리

내 마음은 아직도 꽃봉오리

김소숙이 시집

세종출판사

서문

늦가을에 떨어지지 않고 예쁘게 매달린 단풍잎 하나
땅에 떨어지면 어떻게 숨 쉴까 궁리 끝에
늦깎이로 詩 속에 섰습니다.
세상이 아름답고
세월이 고맙습니다.
경성 골드 에이지와
나를 인도한 벗 이수환 회장님 고맙습니다.
시를 쓰게 지도해주신 문인선 교수님
나의 등불이 되어 주시어 참 감사합니다.
부족한 글을 다듬어 책으로 이어질 수 있도록 이끌어 주시니
행복한 꿈을 꿀 수 있어 잊지 못할 고마움입니다.

빛깔 없이 떨어질 뻔한 낙엽 같은 인생에
지나온 추억들을 시로 색칠해 보았습니다.
부끄럽지만 빙긋이 미소 지어 봅니다.

교수님의 가르침을 되새기며 인사드립니다.
문 교수님, 그리고 함께한 경성 시창작 아카데미 문우님들
감사합니다.

김소숙이 드림

차례

시인의 말 / 5

1부

꽃이 품은 사랑은 우주다 ················ 13
강 ················ 14
오륙도 바다 ················ 15
가는 인생은 아름답다 ················ 16
십 원짜리 사랑 ················ 17
버림받은 예술가 ················ 18
사과는 지구다 ················ 19
인연과 정 ················ 20
둥근 달 ················ 21
틈바구니의 개척자 ················ 22
몽블랑 알프스 눈 ················ 23
환경사랑 멍이 되다 ················ 24
자연의 법칙 ················ 25
개미의 관찰 ················ 26
화가 난 파도 ················ 27
빗속에 사라지다 ················ 28
숟가락 ················ 29
태풍은 심술쟁이 ················ 30
가을과 낙엽 ················ 31
길 ················ 32

2부

터키 설산 ·· 35
백목련 ·· 36
골목길 생존 ···································· 37
작은 마당 콩벌레 추억 ················· 38
억새의 가을 ···································· 39
안개비 ·· 40
가을 잎은 공예사 ························· 41
내가 살아 별을 따온 곳 ·············· 42
낙동강 하구 억새 ························· 43
아들이 된 사위 둘 ························ 44
사랑을 줍는 봄 ····························· 45
운치 있는 가을 ····························· 46
골목을 깨운 보약 ························· 47
봄이 오는 강 ································· 48
봄이 익는 소리 ····························· 49
별빛을 가진 등대 ························· 50
잡초 ·· 51
속이 타는 바다 ····························· 52
낙타 ·· 53
사랑은 봇물처럼 ··························· 54
물 꿩의 번식론 ····························· 55
가을비의 사랑 ······························· 56
봄이 오는 강 ································· 57
장산 ·· 58
봄바다 ·· 59

가을을 품은 바다 ··· 60
욕심쟁이 매화 ··· 61
요술을 이고 있는 하늘강 ······································· 62
가방 ·· 63
숭늉 커피 ··· 64
노오란 병아리 두 마리 ··· 65
이기대 바닷가 ··· 66
무더위 ·· 67
모내기와 오빠 ··· 68
감홍시 ·· 69
별이 뜨는 바닷가에 낮아 ····································· 70
만석꾼의 손자 ··· 71
임 기다리는 장미 ·· 72
내 고향 팔용산 추억 ·· 73
옛 추억의 서툰 노래 ·· 74
시가 노래되어 ··· 75

3부
엊그제의 젊음 ··· 79
보리밭 그림자 ··· 80
러브레터 고향 ··· 81
봉암 바다 ··· 82
논 미꾸라지 ·· 83
아버지 대구 알국 ·· 84
층층 밭 감나무집 ·· 85

나나 벌의 역사 ················· 86
고구마 추억 ··················· 87
칠공주 울 엄마 ················ 88
혼난 꼬부랑 파마 ·············· 89
설익은 탁주 ··················· 90
가을엔 시집가요 ··············· 91
잊을 수 없는 추억 ············· 92
팔용산 느들강 ················· 93
꽃이 핀 동행 ·················· 94
벚꽃 나들이 ··················· 95
울 엄마 ······················· 96
봄과 가을에 취한 고향 언덕 ···· 97
행복이 웃는 날 ················ 98
옛 추억의 엿장수 ·············· 99
밥이 웃는 보름 ··············· 100
옛 고향의 노래 ··············· 101
죽음 앞에도 자식 사랑 ········ 102
우물과 개구쟁이 ·············· 103
길이 만든 순두부 ············· 104
봄은 개구쟁이 ················ 105
도시락 ······················· 106
옥색 블라우스의 추억 ········· 107
숨은 토마토 ·················· 108

4부

아침을 여는 창 ················ 111
오륙도 햇님 ················ 112
시집 가고픈 대추 ················ 113
바람 비 ················ 114
봄이 걸음마 할 때 ················ 115
삼순과 참새 ················ 116
봄비 ················ 117
가을은 오색 ················ 118
옛 추억의 술래 ················ 119
유리창 ················ 120
아가야의 서러움 ················ 121
장마 ················ 122
바다의 소리 ················ 123
가을은 오색 ················ 124
호랑나비 범나비 ················ 125
봄을 실어 온 파도 ················ 126
고향 동산이 붉다 ················ 127

〈서평〉 문인선
자연과 교감하는 시 세계 ≪내 마음은 아직도 꽃봉오리≫
 - 김소숙이 첫 시집을 읽고 ················ 128

1부

꽃이 품은 사랑은 우주다

꽃은 사랑이다
자연 속에서
뾰족이 태어 나와 웃고 섰다

세상의 아름다운 마음
품고 선 천사다
때 묻지 않은 마음들을
솔솔 바람에 날리며
말간 마음으로 살라고
방실방실 웃어 주는 꽃

지구의 한자리를 차지하고
미운 마음들의 가슴에 섰다

꽃같이 웃고 살라한다
인생은 웃고 살아도
짧은 길이다

우주 속에 웃고 선 꽃들은
사랑 덩어리
지구 위에 천사다

강

남과 북이 소통하는 임진강
한강을 만나 웃는다

가난에 떨고 추위에 떨고
사랑에 굶주렸어도
강은 모든 걸 내려놓고

파란 마음으로 하얀 마음으로
홀로 남으로 흐른다

반갑다 속삭이며 바다로 흐른다
너는 사랑을 할 줄 알고
욕심 없는 강물

우리 모두 강물처럼
하이얀 마음이면 좋겠다
임진강과 한강처럼

오륙도 바다

먼 수평선 배들이 점 같이 떠 있다
등대가 오가는 뱃길 지키고
철썩이는 바다는 안식을 취한다

왁자하던 인피는 방파제를 내어주고
다들 돌아갔다
별빛은 유난히 반짝이며
등대와 오륙도를 지킨다
먼 수평선은 어스름이 내려앉은
풍경들로 작품을 만들었다

고기잡이 어선은 바다에
꽃등불 밝히고 바다의 대어를 낚는다

나는 바닷가에 앉아 수평선 한가슴 안고
하늘을 이고 있노라면
세상은 등기 없는 내 것이다

살며시 눈을 감고 마음 꽃 피워본다
시나간 세월 파도와 같이
마음 밭에 앉아 있다

가는 인생은 아름답다

번데기의 굽이굽이 진 주름살의 역사는
명주실을 뽑기 위해서다

인생도 주름 더덕더덕 진 것은
세월의 역사를 접어 재운 것이다

비바람 굽이굽이 흘러 간
세월의 역사가 이마와 얼굴
휘청거리는 다리에도 스며있는 것이다

노년은 그래서 아름다운 것이다
웃지 마라 … 서러워 마라
인생은 그런 것이다

다 꽃다운 젊음이 있었다
어떻게 살았냐가
조금 다를 뿐이다

인생은 세월을 낚으면서
물같이 살았노라

십 원짜리 사랑

그는 인생의 꽃을 줍고 산다
꽃은 길에 떨어진 십 원짜리에도
사랑이 핀다

가난하지만 부자인 사람
노모가 요양원에 계셔도
그 사랑을 접는 날이 없다

박꽃 같이 활짝 웃는
노모의 자리, 마음으로
잘 지키는 아들이다

십 원짜리를 줍고 빈병을 주워 팔아
불우 이웃돕기 하는 아저씨
수천 만 원의 기부 보다

더 아름다운 사랑이 된다
사랑엔 등수가 없다

버림받은 예술가

넓은 정원 생명이 다한 예술가
끝자락에 쫓겨나 하고픈 노래를
목청 있는 대로 부르고 한다

밤낮도 가리지 않고 쿵쾅 쿵쾅 거려도
제한 없는 세상이 좋아 행복하다
비오면 비와 같이 합창 연주가 신바람 난다

밤이면 눈썹달과 별님 같이 모여 노래한다
정원 끝자락 나의 천국
앙상한 몸매지만
풀벌레 소리와 함께 목청껏 연주회를 한다
운 좋은 날은 시끌벅적 손님들과
색소폰 연주에 동참해
피아노 건반을 마구 두드린다

나는 자유인 오케스트라다
버림받은 예술가
낡은 피아노

사과는 지구다

지구를 깎아 먹고 있다
사과처럼 둥근 지구가
암과 세포가 자랄까봐 무섭다

많은 생물이 눈을 감고
동물이 제자리가 없다
눈여겨보지 않는 이끼까지
숨는다

세상이 제멋에 빠져
자연이 죽는 것을
잊고 산다

눈을 감은 생들
지구가 멍이 든 것을 알까
자연도 지구도 감기에 걸려버린 듯
사과처럼 깎기고 있다

인연과 정

정은 칡넝쿨 같이
질기다

변하는 것이 정이라지만
먼지 같이 보이지 않아도
가슴팍에 박힌 정은
뿌리가 자란다

사랑보다 질긴 정은
울타리가 되어 숲을 이룬다
언제나 그 숲에 앉아 있고 싶어
눈가에 그리움이 자란다

인연은 정이 되어 혈육보다
질기다

정은 뿌리로 자란다

둥근 달

반달은 둥근 달이 되고파
매일 기도를 했다

15일이 되어 둥근 달이 되었다
둥근 달이 되어 만인의 소원 받아
마음이 너무 무거워
다시 반달이 되었다

마음을 비우고 15일을 자고나니
인간의 소원이 그리워
또 보름달이 되었다

달님도 마음이 놀부 마음인지
15일을 언제나 기다린다

자연의 심술이기도 하지만
달님의 마음은 욕심쟁이
만인의 사랑을 기다린다

변덕은 반복이 되고
반복은 습관이 되어
부풀었다 꺼졌다
이제 어쩔 수 없다

틈바구니의 개척자

실고랑 같은 아스팔트
흉터 자리에 뿌리를 내린
홀씨 하나

노오랗게 꽃을 피웠다
먼지를 마사지로 생각하는지
근심 없는 노란 미소가 안쓰럽다

차바퀴가 스치고 지나갈까
조마조마한 마음이다

애잔한 눈길을 독차지한
노란 민들레 욕심쟁이일까
길손의 사랑을 훔친다

다리가 아파 쉰 자리
주저앉아 뿌리 내렸나 보다

노오란 민들레 한 송이
혼자만의 자유인으로
웃고 섰다

몽블랑 알프스 눈

가고 싶은 몽블랑 알프스
눈과 얼음이 신비를 세워 놓은
순백의 아름다움
가슴 시리게 파고든다

갈 수 없는 천국 같은 알프스
대한의 젊은이가 걷고 있다
내 마음이 같이 걷고 있지만
허전하다

천국 같은 알프스
마음에 새기며 꿈을 꾼다

청춘이 살아 있다면
가 볼 수 있는 몽블랑일까
내 마음을 적어 보았다

꿈은 추억과 상상의 알을
수북이 낳고 있다

환경사랑 멍이 되다

환경을 사랑하는 사람
작은 도움과 소비를 개선하고파
심리 파악도 하지 못한 채
집에 데리고 왔다

푹 퍼질러 앉아 만평이 되었다
맛도 도망가고 입맛은 그믐밤
민망할 정도로 만평으로
냄비에 퍼질러 앉았다

데리고 온 죄로 곤장을 맞는다
한 끼 아닌 두 끼로

젊음이 없는 탓도 세월 탓도 해본다
한 끼 곤장이면 될 젊음이 생각한다

두 끼로 맞은 곤장
후회가 별똥별 같이 뚝 떨어진다
푹 퍼질러 앉은
조선 칼국수

자연의 법칙

자연의 역사를 엮어 가는 집
계절 따라 꽃들이 줄을 섰다
약속을 지키는 나비 벌 매일매일
문안 인사는 잊지 않는다

꽃들과 입맞춤이 하고파
꿀을 먹기 위해 심술스럽게 땡벌도
잊지 않고 찾아온다

무서워 하지만 꽃의 주인이라고
의리는 지킨다
자연의 법칙을 아는 놈

모과나무에 매미도 와서 울고
왕거미는 새끼를 낳아
여기저기 거미줄로 주인을 낚는다

낮에 걷어버리면 밤에 잠을 안자는 지
아침에 또 낚인다
전세도 달세도 주지 않는 놈
염치없이 센 놈이다
우리 집 그래서 낙원이다

개미의 관찰

꽃나무 새순엔 인사가 제일 빠르다
동료를 만나면 지느러미로
마주잡고 인사를 한다

길에 동료가 죽어 있으면 서둘러
담 사이 쉼터로 데려간다

신기해 파리를 잡아 놓았다
작은 것은 혼자 물고 바삐 간다
큰 것은 여럿 보여 끙끙거리며 끌고 간다
작은 지렁이가 나오면
한 마리가 뒤에 오는 동료하고 입을 맞추고
여러 마리가 지렁이 몸에 착착 붙는다
지렁이는 살겠다고 바동대지만
떨어지지 않고 같이 뒹굴고 끌고 간다

개미왕국을 지킬 수 있는 우리 집
이름 모를 곤충들과 한자리 한다
자연이 준 선물, 더러는 징그럽지만
하늘 밑에선 다 같은 생명
공존하며 웃고 산다

화가 난 파도

오륙도 바다가 화가 났다
산더미 같은 파도를 던지고 있다
가슴을 움켜잡고 운다
바다는 세상에 없는
온갖 잡동사니 토해내고 있다
너희들이 한 짓을 보라고 한다

산다는 자부심은 문명인으로 도망가고
부끄러움이 전율을 타고 가슴이 오그라진다

 바다를 사랑하는 우리
태풍이 지나 간 자리
개선의 눈을 떴으면 좋겠다

혼자 어찌할 수 없어 가슴이 시리다
젊은 힘이 아쉽다
바다야 너는
내 마음 알겠지?

빗속에 사라지다

주룩주룩 비 내리는 오늘
마지막 눈물인가 대지도 서럽다
고달픈 생은 말없이 숨었다

남겨 놓은 인연들이 서러운가
이별이 서러운가
하늘이 울음 울며 몸부림친다

한줌의 흙으로 돌아가는 생
애착도 욕망도 왜 그리 많았을까
한 톨도 가져갈 수 없는데

두 손 펴 떨구면 저승인 것을
한 뼘 앞을 모르고 살았다

주룩 비 내리는 오늘이 하늘길인 것을
하늘마저 서러워
온종일 쓸쓸히 울어준다

* 외손자 할아버지의 이별을 보며 온종일 장대비가 왔다.

숟가락

숟가락은 양반집 고명딸
어른을 존경할 줄 아는 서열이 있다
사랑이 담겨있어 예절이 또렷해
임금님 밥상에도 초청을 받는다

숟가락질에 됨됨이를 알아본다
예절 없이 음식을 먹으면
싹수가 노랗다고 했다

숟가락이 인품과 인격과
예절을 품고 산다

숟가락은 사랑이다
아빠 엄마의 사랑
화합의 사랑이 싹트는
행복 보따리다

태풍은 심술쟁이

태풍은 누구의 잘못이 아니다
세상 나라들이 오늘의 만족을 위해
자연을 제자리에 두지 못한 벌칙 같다

태산이 무너지는 것도 무서워하지 않고
강물이 불어나는 것도 염려하지 못했다
바다가 소용돌이 칠 것을 불 보듯 보면서

경관이 좋은 곳 다 메워 육지가 되었다
밀려 간 바다는 돌아오고 싶다 몸부림친다
산도 산으로 되돌려 놓으라고 경고다

인간의 욕심이 자연을 울린다
자연을 소중히 다독이는 사람이면 한다
더 무너뜨리면 설 곳이 없다
자연은 아프다 아프다
소리소리 치는 중이다

가을과 낙엽

바스락 소리 낙엽을 밟는다
오솔길 옆 산개울엔
낙엽이 고뇌를 씻고 있다

구겨진 마음들이 말간 마음이다
실개울처럼 흘러간 세월
바스락 낙엽에
되돌아 본 추억

파아란 잎새였던
봄이 있었던

길

길들이 다 모였다
가멸찬 걸음 거리길
가슴시린 걸음걸이 길
참 사랑 피운 길들도

시냇물 흘러온 강가에 모여
살아온 역사 이야기 회의를 한다
사랑 피운 이야기 바지기에 지고 간 길
억울함을 보따리로 이고 간 길

별이 쏟아져 베푼 이야기
남을 괴롭힌 후회의 이야기까지
다 모은 길들

선으로 살고 지나간 일 추억으로
강물에 흘려보내고
후회 없는 길로 살자고
마음들을 모아 본다

말간 강물과 다짐을 하며
걸어 온 길들을 강물에
던진다

2부

터키 설산

대지의 설산이 자꾸자꾸
숨바꼭질 하며 따라 온다

너무 멀어 사진을 찍을 수 없고
지나갔다고 생각하고 있으면
까꿍 하고 나와
사진을 찍으라고 손을 흔든다

사진기를 들면
저 멀리 달아나 날 잡아 보라고
자기 자리에 터줏대감 되어 섰다

여름 설산은 여행객 심신을
녹이며 장난을 친다
가슴에 살짝 담아온 설산

백목련

긴 가지에 핀 목련
하아얀 드레스를 입은
청순한 처녀

지나가는 잘생긴 총각을
유혹했다

총각은 빙그레 눈웃음친다
욕심 많은 목련은 또

삼층 총각을 연모하여
긴 팔로 뻗어 올라갔다

까치발로도 서 보았지만
닿지 않는 삼층

구름이 충고하네
예쁜 마음만 갖고 살라고

욕심을 내려놓으니
청순함이 선녀 같네

골목길 생존

숨 쉴 곳 다져진 세면길
골목 틈바구니에 이름 모를 풀꽃
숨 쉬며 누워 잠을 잔다

겨우내 그 찬 틈바구니에서
연명해 봄 살랑 바람에
비집고 올라와 자기만의 좁은
아파트를 만들었다

가족과 같이 손을 잡고 봄이라고
옥색하늘을 본다

세찬바람 행인의 스침도 개의치 않고
우린 풀꽃 가족이다
뚝심으로 산다

영역 자랑을 꽃으로 승부건다
눈여겨보아 주지 않아도
틈바구니 풀꽃 쾌활하게 웃고 섰다

가족의 손을 잡고
햇님 보고 방실방실

작은 마당 콩벌레 추억

겨우 걸음마 하는 아이
마당을 좋아해 내려놓았다
걸어가기도 하고
마음이 바쁘면
기어서 물체를 쟁취한다

준 것이 없는데 입이 오물오물 거린다
콩벌레를 벌써 먹고
껍질만 남아 있다

아기도 보약을 아나봐
애기 엄마 이모할머니
좋은 영양가를 잘 먹었다고
쓴 소리로 활짝 웃는다

억새의 가을

여름이라고 소리소리 치던
매미 소리

귀청을 슬프게 했다
애타는 매미
그 소리가 이사 가고
솔숲 귀뚜라미가
가을을 지게 짊어지고 와
전보요 하고 내려놓았다

실물결 춤추는 노래하는 억새
클클한 휘파람을 불어댄다
미끈한 억새 그 자태를
보아 달라고
나 비단결 같은 억새라요

안개비

안개비 내리는 바다
하늘도 바다가 되었다

파도는 어제 같이
자갈밭 돌멩이와
물방울 놀이를 한다

별이 내려앉은 밤
물방울도 별이 된다

안개비는 그칠 줄 모르고
별님 기다리는 파도는
새까맣게 속을 태운다

가을 잎은 공예사

쌀쌀한 가을바람에
샛노란 단풍이 물든 은행잎이
바람에 곤두박질하고 논다

지나간 행인에게
밟혀도

샛노란 은행잎은
지나간 행인의 마음을
설레게 한다

오늘 걸어간 이 길이
내년엔 아름다운 추억이 되겠지
어떤 사람에게는 잊지 못할
추억도 되겠지
이 샛노란 은행잎 길

내가 살아 별을 따온 곳

빼딱 구두 신고 자리 잡은 곳
웃고 울고 지낸 삼십 년
밤잠을 초승달만큼 잤다

사랑도 줍고 희망도
행복도 주어 내 생을 지켰다
추억과 사랑이 눈꽃같이 쌓인 곳

세월이 머리에 내려 수북이 앉았다
떨쳐 낼 수 없는 하얀 눈
삶은 외롭지 않았노라고
하얗게 손을 흔든다
이별에 즈음하여

낙동강 하구 억새

언제 이주해 와서 자리를 잡았는지
가을꽃이 노랗게 웃고 섰다
생명력이 강한 양미역취라 한다

낙동강 하구를 따라
멋지게 휘파람 불던 갈대 군락지
양미역취가 주인인양 노랗게
자리 잡고 턱 버티고 있다

억새가 쓸쓸히 울면서 떠난 것 몰랐다
터전을 뺏긴 산도 들도 세월에
밀려 몸살을 한다

줄무늬가 예쁜 고사리 손 같은 다람쥐
청솔모한테 멸종이 되었다
식물도 자리를 잃고 울고
이 아리송한 현실 모른 척
웃고 섰기엔 부끄러움이 깔린다

낙동강 하구의 안타까운
억새 군락지

아들이 된 사위 둘

복이란 인생에 덤이다
딸들이 청솔 같은 사위 아들을 몰고 왔다

비바람도 견딜 줄 알고
고뇌도 사랑으로 바꿀 줄 아는
사위 둘 형제 같이 사랑 보따리다

부모의 사랑이 돈독하니
손자들의 사랑도 친형제 같다
누구나 다 할 수 있는 과정이다
하지만 생각보다 실천이 어렵다

할머니로서 보는 눈이지만
서로 사랑하고 이해하는
눈빛이 아름답다

나는 행복한 할머니다
가족 삶 우정을 아는 정직한
젊은이들이다
행복 보따리 속에 산다
할미꽃의 봄

사랑을 줍는 봄

4월이라 뻐꾸기 운다
서산 해 숨바꼭질 하고
노을도 노랗게 수놓은 봄날

보리밭 층층이 잇닿은 철길
봄바람 얼싸안고 뒹구는 파도
벙글벙글 웃는 신랑 손잡고
살포시 미소 짓는 저 봄 각시

사랑을 줍고 산 옛날이 있었다

운치 있는 가을

쨍하고 찾아온 가을
햇님하고 입맞춤하고파 한다
호수의 수련과 연꽃 연잎
비가 오니 재주를 부린다

빗물이 잎 위에 은구슬 되어
대굴대굴 구르기 하더니
호수에 동그라미를 그린다

가을 길을 걷는 나그네
왠지 마음이
동그란 구슬이 된다

연잎이 은구슬처럼
행복의 동그라미 그리며
미소를 띤다.

골목을 깨운 보약

보약을 이고 아침이슬 맞으며
골목을 깨우는 아줌마

사랑을 동이에 담아 이고 외친다.
이집 저집 냄비들이 달려 나오고
냄비에 받아 든 사랑
식구들 밥상에 무지개 뜬다

인심 좋은 아줌마 정구지(부추)
덤으로 챙겨준다
재첩국 동이와 이별을 했다
세월의 문화에 밀렸다

자연의 부족에 재첩 설자리가 없다
재첩국 사이소 아침을 연 골목엔
까치가 까악까악 울어준다

세월도 변하고 골목도 잠들고
추억의 목소리만
가로등에 매달려 있다

봄이 오는 강

흐르는 물결에 봄을 실어
태화 강변에 꽃이 핀다

개구리 기지개 켜고
넓이 뛰기 하는 봄
강물도 흥겨워 노래를 한다

돛단배 띄어놓고 사랑 찾는 총각
휘파람 소리에 눈을 뜬 꽃처녀

휘날리는 머리카락
봄바람에 사랑을 줍네

나비와 같이 나비와 같이
사뿐 사뿐 날고 있네

봄이 익는 소리

봄은 오고 인생은 가려 하는데
실개울 물 말갛게 흐르고

진달래 잎 쪽배 띄워
청개구리 싣고 여행을 떠난다

실버들 물결 따라 노를 젓는다
봄은 익어가고
꽃들의 사연
맑게 물 위에 띄웠다

졸졸 봄이 가는 소리일까
봄도 익고 인생도 익어
실개울에 꽃잎되어
흐르고 있다

별빛을 가진 등대

외로움을 사랑과 희망으로
보아 주고 사는 등대

오가는 일손 눈을 뜨게 한다
먼 나라에서 오는 길손
파도 길을 타고 먼 나라로 가는 길손
방울눈으로 길을 밝히며
거센 파도와 싸운다

비바람 불어도 묵묵히
큰 눈을 굴리며 길손만을 챙긴다

외로움을 빛으로 밝히며
사랑 나누고 산다
별빛이 친구되어
묵묵히 제자리를 지키는
말없는 왕족이다

잡초

뜨거운 태양도 사랑이다
틈 사이에 나와
발길에 차이기도 하지만
바람이 있고
비눈물이 날 사랑하니
여기에 섰다
나는 마음이 질긴
잡초다

속이 타는 바다

안개비 내리는 바다
하늘도 바다가 되었다
파도는 어제 같이

자갈밭 돌멩이와
물방울 놀이를 한다
별이 내려앉은 밤은
물방울도 별이 된다

안개비는 그칠 줄 모르고
별님 기다리는 파도는
새까맣게 속을 태운다

낙타

사막의 고향에 살고 있는 낙타
우뚝 솟은 두 등성이에 사랑을 실었다
생명의 저장 창고

움푹 패인 골짜기엔 고뇌를 실었다
그 고뇌를 사막 모래와 같이
흩날리며 산다

아무리 걸어도 사막 한 가운데다
모래 파도는 으르렁 거리며 일렁인다
자연의 심술쟁이 모래 파도는
낙타의 눈을 가리며 괴롭힌다

되돌아 가고픈 마음 집
물 대신 고향 추억 마시며 걷는다
발자국마저 도망간 길

동행 가족 감싸는 사랑 때문에
허느적거리며
희망으로 사막 길을 걷는다

사랑은 봇물처럼

강풍이 몰아치면 큰 고목도 무너진다
번쩍이는 비바람 번개 속에
눈에 넣어도 아프지 않다는 큰 꽃송이를 잃고
치매를 앓고 있다

오봉이라는 작은 아들을 얻어
가물가물한 기억을 붙들고 산다
교통사고로 뒷다리 두 개를 잃은 오봉이

다리 고치기 위해 병원을 찾았다
겨우 바퀴 다리로 섰다
오봉이가 있어 치매가 더디다 한다

동고동락하며 치매를 붙들고 살아도
아들이 있어 웃는다 한다
멍멍이 오봉이가
할머님의 별자리

물 꿩의 번식론

봄이 오는 길섶
물 꿩이 뛰웅 뛰웅
암놈을 찾아 구애를 한다

마음에 들지 않으면
수컷이 예쁜 짓 독특한 구애에도
못 본 척 애간장만 태우게 한다
암놈은 반려자를 여러 명 거느린다

알을 여기 저기 낳아 애비를 찾아
부활해 날아갈 때 까지 책임을 진다
자연의 법칙 생존 사람 못지않은
지혜와 자식 사랑
번식이 돈독하다

여러 명 숫놈을 통제하며
뛰웅 뛰웅 울며 살핀다
신기 방통한 생존의
법칙이다

가을비의 사랑

가을이다
방긋이 입술 연 국화꽃
가을비에 입을 꼭 다문다
향을 빼앗기지 않으려 한다

쨍하고 올라오는 햇님하고
입맞춤 하고파 한다

호수의 수련과 연꽃잎
비가 내리니 재주를 부린다
빗물이 잎 위에 은구슬 되어
때구르르 굴러
호수에 동그라미를 그린다

가을 길을 지나가는 나그네
왠지 마음이 가벼워 진다

연잎 위 은구슬 처럼
행복 동그라미를 그리며
미소를 띤다

봄이 오는 강

흐르는 물결에 봄을 실어
태화 강변에 꽃이 핀다
개구리 기지개 켜고
넓이뛰기 하는 봄

강물도 흥겨워 노래를 한다
돛단배 띄어 놓고 사랑 찾는 총각
휘파람 소리에 눈을 뜬 꽃처녀
휘날리는 머리카락

봄바람에 사랑을 줍네
나비와 같이 나비와 같이
사뿐사뿐 날으고 있네

장산

장산이 삐졌다
도심 옆에 있는 장산
산세가 아름답고 계곡이
도심의 마음을 녹인다

은빛 물이 낭랑한 한 곡조를 읊는다
철딱선이 없는 아이들과
어른들 수영장이다

수박 물에 달 같이 띄어 놓고
아이가 된 할머니 할아버지
엄마 아빠들이 소년 소녀가 되어
지구가 거꾸로 돌아도 무아지경이다

김밥이 맛집이 되고
수박이 맛 자랑하는 커피숍이 된다
환한 웃음에 장산이 흔들흔들
계곡은 웃다가 토라진다

한여름 장산은 손님이 버거워
이마에 주름진다
아름다운 장산 밑 강물
영원히 흐르면
밤별이 소풍 올 텐데

봄바다

파란 바닷가에
속삭이는 파도
은구슬로 바위와 속삭인다

별빛이 내려 앉아
동무해 주는 몽돌 밭엔 노을이 붉다

초승달 실눈 뜨고 윙크하는 바닷가
사랑 손잡은 별빛이
파도타기에 바쁘다

가을을 품은 바다

자갈밭이 휴식을 취하고 있다
찰싹 찰싹 몰려 온 은방울 파도
조갑지만 씻고 또 씻고 논다

갯바위들이 모인 곳
모처럼 소풍 나온 낚시꾼
대어를 품고 왔다가
피래미도 낚지 못하고
깡소주 한 잔 마주한다

갯바위 조갑지들이
빙긋이 웃으며
낚시꾼을 놀린다

가을을 품은 바다 태연히 오륙도
그리움을 시로 쓰고
앉아 있다

욕심쟁이 매화

눈을 헤집고 추위에 떨어도
볼에 연지 찍고 부끄러워
수줍게 방긋이 웃는 아가씨
나들이 나간다고 분홍 너울쓰고
하이얀 속살 웃음 띠고 섰다

지나가는 할아버지 꼬맹이총각까지
가슴을 훔치는 봄 아가씨
담장 안에 보일 듯 말듯
환하게 선 매화

지나가는 행인의 마음까지
훔쳐 담아 볼이 빨갛다

봄 매화에 가슴을
빼앗긴 사람들 구멍이 송송 났다

요술을 이고 있는 하늘강

하늘에 강이 있다
머리에 이고 있는 요술강

노란 낙엽이 되도록 하늘강이 있다고
생각해 보지 못했다

달님 별님 손잡고 별 수를 놓고 사는 신비
하이얀 낮달이 햇님을 만나는 것도
신비 그 자체인데

엄청난 양의 수증기가
하늘에 강처럼 흘러 집중 폭우를 일으킨다
어느 나라도 하늘강의 흐름을 막을 수 없다

하늘강의 길이는 1,600km 이상이라고 한다
지구상의 가장 큰 담수의 강으로
미시시피의 하루 평균 배출량의 7.15배에
해당하는 엄청난 수증기를 수송한다

하늘강은 지상의 강물처럼
한곳에 일정하게 흐르는 것이 아니다
그때의 기후 상태에 따라
지구 어딘가에 흐르고 있다
무서운 신비의 하늘강

가방

가방은 마술사 비밀 창고
속이 엉큼한 가방

의리도 담고 진실도 담고
서러움도 담아 벙어리가 되어 산다
세상이 무섭고 가방 주인이 무서워
마음들이 자유롭게 나올 수 없다

숨기려 밀어 넣어도 의리와 믿음이
별같이 쏟아져 가방과 주인의 빛이 된다
가방은 칠색 무지개 태양의 요술에
자유와 희망을 꿈꾸게 한다

하늘 끝자락에 칠색을 담아놓고
마음 마음에 담은 희망 꿈 꾸게 한다
가방은 마술사의
근본을 잃지 않는다

숭늉 커피

커피를 숭늉같이 먹는 아줌마들
그 맛이 무어냐고 구박을 한 남편들
원두커피가 한번씩 왔다

먹는 방법 몰라
알루미늄 주전자에 끓이면
향이 골목을 점령한다

요령 단 걸음으로 모인 입술들
사발에 대접에 숭늉을 섞어
설탕 맛으로 누룽지처럼 마셔대고

이웃이 더욱 화목의 커피 꽃이 핀다
오늘 문득 추억들이 수줍음 타고 와
날렵한 커피 잔에 앉는다
(신세대의 커피)

노오란 병아리 두 마리

동산을 올랐다
병아리 여러 마리가 있다
두 마리 씩 친구 셋이 가져왔다

대나무 닭장에 같이 넣었다
꽃밭에 지렁이 주어 먹으라고
망태를 벗겨 주었다

두 마리는 날아가 버리고
소죽 구정물에 두 마리가 빠졌다
아버지 병아리가 빠졌다고
소리 소리쳤다

오리새끼 라서다
날아간 놈은 꿩새끼다
다음은 주워오지 마라
어미가 얼마나
울었겠냐

이기대 바닷가

이른 봄 이기대 바닷가
봄바람이 쌀쌀하니
바닷물이 화가 많이 났다
바윗돌에 부딪히는 파도
하이얀 은구슬을 토하며
바위와 싸움을 한다

내가 이길 것이라고 쏴아 쏴아 하고
분노를 토한다

바위한테 싸움을 건 파도는
네 마음대로 해 봐 라는 듯
눈썹 하나 까딱 않는 바위
점점 파도는 제풀에 꺾이고 있다

무더위

무더위에 별도 울었다
하늘을 보는 마음들이
에어컨 앞에 앉아 있었다

별님도 세상 변화를 알까
자연은 몸소 겪고 질식한다
노오란 잎새 떨면서 운다

햇님은 옛날같이 둥근데
왜 뜨거워 나를 울릴까
세상의 변화일까
사랑이 식었을까
자연의 기후가 삐져
우리 모두 시험대에 올렸을까
사랑하는 이들의 마음 알고
용서해 주었으면 좋겠다
자연아… 사랑한다

모내기와 오빠

모내기 철이라
온 식구들이 총 출동한다

모내기가 늦으면 착근 하는 것이 늦어
한시가 급하다

오빠는 그 와중에도
동생을 놀려 먹는다

논거머리가 다리에 붙는다
거머리를 떼지 못하고 운다
오빠가 떼어주러 온다

장난꾸러기 오빠 다시 붙여 놓고 웃는다
나는 큰소리로 엉엉 운다
무어가 무서우냐 거머린데
떼어주고 웃으면서 자기 일을 한다

장난끼 많은 우리 오빠
인자함도 하늘로 솟는
그 추억이 아지랑이 같다

감홍시

등산 갔다 하산을 했다
너덜겅 감나무 지천이다
키 큰 사람들 다 따먹고

하늘같이 높은 곳에 감홍시가
대롱대롱 맛이 툭툭 떨어진다
한입씩 먹기 위해 막대기 들어
툭 치면 툭 떨어져
너덜겅 바위가 목욕을 한다

그래도 아쉬워 또 쳐본다
홍시는 막대기에 맞아 눈물만
흘리고 바위에 맛사지를
해주며 설설이 운다

마음들은 눈으로 먹고
바위가 홍시를 다 먹어버렸다

별이 뜨는 바닷가에 낯아

높디 높은 옥색 하늘이 별 수를 놓고
어스름한 빛살이 웃고 섰다
하이얀 솜털 구름 뒤에 달님
숨바꼭질한다

별이 술래일까 달님이 술래일까
반짝 반짝 웃고 숨었다
노을빛 바다도 잠을 자고
파도소리 조용한데

수평선 떠나가는 저 배 누굴 찾아갈까
멀리 있는 엄마 찾아
꽃바구니 싣고 가고 있을까

활짝 웃는 어머님 얼굴이 보인다
멀어져가는 저 배 점 하나가 된다
따라가는 내 마음
왠지 서럽다

만석꾼의 손자

마음씨 고운 만석꾼 할아버지였다
바람 손자 농사 잘 지어
여름 찜통일 때 사람 가리지 않고
이마에 콧등에 송송이 맺힌 이슬
슬며시 훔쳐준다

시원한 사랑 품은 마음씨 곱고
가슴을 녹이는 안방 거실
터줏대감이라고 큰 소리 친다

규율이 엄격해 아장아장 걷는
애기가 친구 하고파 다가서면
접근금지 빨간 딱지를 부친다

좀 더 크면 친구하자 타이른다
만석꾼 할아버지 넉넉한 마음씨가
규율 공부 잘 시킨 바람 손자
선풍기 대학 박사학위를 땄다

만석꾼 손자답게 지혜롭게 한다
세상이 바뀌고 바뀌어도
같이 살아야 하는 우리 집 보물
서열 1위에 선 만석꾼 손자
선풍기

임 기다리는 장미

따사로운 정오의 오륙도
줄장미 울타리

빨간 사랑 맺어놓고 떠난 님
오신다는 임 소식 없고
뱃고동 소리는 수평선 울리고
임 기다리는 마음 수평선만
눈에 차다

파도가 잠이 들면 오실까 하고
숨 죽이며 기다린다

울타리 꼭대기 까지 기어올라
빨간 손수건 들고 망망대해만 본다
바다는 잠을 자는데

임 실은 배는 보이지 않고
빨간 사랑담은 마음 쓸어내리며
밤길 타고 나 몰래 오실까 봐

빨간 입술에 자꾸자꾸 연지만
덧칠한다

내 고향 팔용산 추억

창원군 창원면 반계리 죽전
지금은 창원시

팔용산 수원지 마산 최초
수도시설이 될 뻔한 곳

물은 옥수 메아리가 가슴을 우리는 곳
솔바람 아름다움 노래하는 곳
국민학교 학생들이 견학을 온 수원지
메아리 소리로 나무하는 머슴아들
배로 놀려 먹은 나무가시네

할아버지 산이라고 허풍치고
소리 소리 메아리와 같이 놀던 곳
몇 개 담은 고사리 다 시들어도
아무 생각없이 즐겁다

바위 속 절터 물 한모금 먹고
격식 없이 부처님 앞 삼배하고
상사 바위를 둘러 놀던 곳
그 곳 추억들이
구름같이 둥둥 떠간다

옛 추억의 서툰 노래

어제가 떠나갔다
구름도 둥둥 떠간다
어제의 서러움을 싣고 간 세월
오늘은 웃는다

실바람이 머리카락 휘날리며
행복이 싹 트고
세월도 같이 자라 행복 문에 섰다

동산에 진달래 웃고 선 날
추억의 그리움
서툰 휘파람 불어 본다

옛 친구 같이 웃어주던
그 시절 구름이 업고 와
내 옆에 앉힌다

추억을 먹고
행복 꿈을 꾼다

시가 노래되어

모처럼 연주가 있고
빨갛게 익은 늦가을과
초겨울 사이 축제의 한마당
문우님들의 시 등단과 시 낭송
늦가을 같이 익었다

토암공원 한마당에 차린 축제
노래도 시처럼 울려 퍼졌다

색소폰 연주에
당나귀 귀가 되었다
화합의 한마당
가지각색의 시들이
서로서로 노래되어
목청을 뽑는다

3부

엊그제의 젊음

소나무야 소나무야
너는 내 마음 알것재
아직도 가슴이 꽃봉오리라는 것도
산을 오르는 마음도

소나무야 말 좀 해 보렴
나도 한땐 최고봉을
주름잡은 역사가 있다

추적추적 내리는 비를 헤집고
앞만 보고 올라 간 천안봉
안개 속에선 표지석을 얼싸안고
비와 뒹굴며
소리소리 토한 젊음도
추억으로 남아 있다

솔바람이 추억 몰고
산을 오르고 있다
소나무야 너는 알겠제

보리밭 그림자

사랑이 그림자 되어 운다
이별이 아쉬워
달빛 속을 걷는다

별빛이 내리는 징검다리
떠난 님 그림자 지우며 운다

사랑은 잊지 못 할 허무
보리 깜부기 뽑아 먹고
까만 입술 마주 보고
사랑 피운 시절
그 추억까지 잊었을까

보리 밭둑 속삭이던 사랑
보리 대궁 피리 소리만
들길에 숨어 운다

러브레터 고향

단풍잎 소리 없이 떨어진 자리
봄을 장식해 놓고
가을이 떠납니다

새빨간 단풍잎
색동옷 갈아 입고
가을이 떠납니다

종이비행기 러브레터
탱자 울타리 넘어온다
친구들이 열어보지 않고
던져주고 화들짝 웃는다

누구를 찍어 보낸 종이비행기
지금도 무어라 썼을까
궁금한 그 러브레터

추억이 감나무 홍시 망태에
대롱대롱 매달려 있다
가을 밭에 앉았노라면
그 옛 추억들이 웃고 섰다

봉암 바다

세월이 흘러 꼬부랑 할미꽃
추억은 소녀시절 그 풍경

봉암 바닷가 조개 잡던 시절
차상마을 앞 밀물과 썰물이
만나 결혼을 한 바다

무척이도 재첩을 많이 낳았다
발로 밀고 다니며 주어담은 재첩

모랑개가 모래 밭에
동굴 동굴 친구 따라 논다
길가 마늘밭 아줌마 인심 좋게
상추 마늘 듬뿍 뽑아준다

차상 철길에 앉아
밥 까먹은 도시락에 담아 온
모랑개와 먹으면

금새 도시락은 빈 창고가 된다
정이 버무려 지면 맛도 더한걸까
그 맛 그 추억이 그리운 오늘이다

논 미꾸라지

벼가 자라 파란색 하늘이 내려 앉았다
논도랑에선 오동통한 미꾸라지
쫑긋 얼굴을 드러낸다

애기 논고동도 엄마가 되었다
제철 만난 대소쿠리 입 벌리고
금순이 방숙이도 발을 굴려
미꾸라지 몰이를 한다

미끌미끌 잘도 빠져 도망가는데
실뱀은 미꾸라지인양 소쿠리에
들어앉았다

놀란 소쿠리 걸음아 날 살려라 하고
쥐었던 미꾸라지까지 던진다
하늘이 준 농부들의 보양식

미꾸라지 추억이
벼 익는 소리처럼
다가오는 가을이다

아버지 대구 알국

위 채 아래 채 사랑채 큰집
꼬맹이 둘이 집을 지킨다
생각 없이 노는데 해가 숨어버렸다
아무도 오지 않는다
칠흑 같은 툇마루에 둘이 껴안고
무서워 운다

아버지가 오셨다 엉엉 울며 엉켜 붙었다
얼마나 무서웠냐 안아주셨다
대구국 맛있게 해먹자고 하셨다

갈비 불씨로 장작불 피워
대구 알국을 끓였다
그때 그 맛 달님도 별님도 벙글 웃어주었다

아버지 참사랑 대구 알국
고향 부엌에 살아있다
추억은 늙지 않고 어슬렁거린다

울아버지 자상함과 대구 알굴 맛과
고향이 쫓아 와
내 옆에 앉는다

층층 밭 감나무집

산밑 집 층층 밭이다
뽕나무 밤나무 감나무 대밭이 크다
누에 키우던 시절 뽕잎을 훔쳐갔다

언니와 나 산 밑 뽕밭
저녁에 담요를 쓰고 도둑을 지킨다

밤이면 대나무가 우우 슬슬 힝힝
귀신 나오는 소리를 낸다
무서워 언니 손 꼭 잡고 눈을 감고 따라간다

호랑이도 나오는 것 같고
귀신도 나오는 것 같다
무서움을 참으며 누에 밥을 지킨다
언니와 나 누에 밥 창고
옛 추억의 한 토막

나나 벌의 역사

나나 우는 벌이 있다
옛날 초가집 기둥에
구멍 난 곳에 청소를 해 놓고

애벌레를 물어 와
산란을 해 놓고 진흙을 물어 와
구멍을 봉합한다

매일 매일 나캉 살자고
나나 울며 나캉 살자고 한다

아버지가 알려 준
나나 벌의 지혜
후세를 위한 법칙
생존이라 하셨다

도회집에서 볼 수 없는
아름다운 옛 추억
아버지의 관찰
보고 싶다 울 아버지

고구마 추억

먹구름이 하늘을 가리고
샛바람에 옷깃을 여민다
싸락눈이 떨어지는 새꼬롬한 날씨
사랑을 버무리는 겨울 구들목

아궁이에 고구마 던져 놓고
부뚜막 장단치고 노래 명창이다
새꼬롬한 날씨엔
따끈한 아랫목에 앉아

손과 입술이 숯검정이 되어도
그 맛 세상 꿀맛
하늘에 별을 따온 행복이다

칠공주 울 엄마

달롱개 별명이 붙은 봉춘때기
무지하게 인자한 모습
남에게 해코지 않는 것이 사람이라고
친구 이웃 의논 보따리 엄마

논 고동 찜 곡짐이 해
온 이웃을 웃게 했다

맨드라미 심어 놓고
직장 간 십구 세 딸
맨드라미가 보고플 거라고

무명수건 물 적셔 꽃을 싸
마산 이십 리 길
다라이에 담아 꽃꽂이 하라고
이고 온 지혜 있는 우리 엄마
보고 싶다 엄마……

혼난 꼬부랑 파마

올케는 태어난 곳이 일본
한국말이 서툴러 혀 짧은 말
아낙네들 비녀 쪽머리였다

올케가 친정 가 꼬부랑 파마 해 왔다
아버지 노하신다고
수건을 쓰고 밥상을 차렸다

이틀도 못가 들통이 났다
땔감 마당에 말려 놓고 있다
성냥 한 개비면 온 식구가
파마 할 수 있다 돈 주고 하느냐?
땔감 옆에 앉아 호통을 치신다

표적은 나 잡으러 오신다
뒤 안 콩밭에 숨었다 사시나무로 떤다
왕언니가 와서 화를 멈추게 했다
엉뚱한 개구리 몽돌에 맞아 죽는 속담
올케 때문에 혼이 난 그 추억
꼬부랑 파마 입가에 웃음 핀다

설익은 탁주

꼬맹일 때 엄마가 빚어 놓은
구들목 탁주가 익는다

유혹하는 저 소리 보글보글 퐁퐁
엄마 몰래 동생과 둘이서
보리 대궁 꽂아 쫄쫄 빨아 먹은
달콤 톡톡한 맛 하늘만큼 맛있다

엄마한테 꾸지람 바지기로 들었다
청주를 못 떠서 아쉬워하는 얼굴은
모시적삼 풀 죽은 모습이다

동생과 짝짝꿍 되어 유과 약과
약밥까지 슬쩍 몰래 먹고
시침 뚝 떼고 있는 재미 깨소금이다

요놈들 하고 다 안다는 표정으로
빙그레 웃으신다
그 때 그 맛 고향 하늘에
동동 떠간다

가을엔 시집가요

가을이 바람속에 숨어왔다
계절도 풍성한 들녘도
오색으로 익었다

농부의 휘인 등 위에
꽃이 피어 활짝 웃고 섰다

막내딸 혼수감도 영글어
바람 그네를 탄다

달빛에 물들어
반짝 반짝이는
대추알

잊을 수 없는 추억

아버지 따라 낚시를 갔다
대나무 망태를 지키고 있다

친구와 고기를 잡아 망태에 채운다
붕어 송사리 펄쩍 펄쩍 돌아가고파 뛴다

새끼 궁장어 살겠다고
소리소리 치고 도망친다
아버지 친구는 송사리를 잡아
고추장에 머리만 찍어 입에 넣었다
미처 입 속에 다 들어가지 못한
송사리 꼬리가 나를 향해 헤엄을 친다

땡볕에 볼이 발갛게 익어도
아버지 따라 다니는 것이 좋아
자주 떼를 쓰고 따라 나섰다

옹달샘 같은 아버지 사랑
고향 냇개울에
허허 웃고 섰다

팔용산 너덜겅

모심기 철이 되면
산딸기 익는 소리가 사립 문안에 들어선다
수원지를 붙잡은 너덜겅 딸기밭이
메아리와 같이 산다

빨갛게 익어 비단 이불을 덮고 있다
딸기를 따러 가면 구렁이가 먼저
"내 것이라"고 징그럽게
터줏대감인양 올라앉았다

아이들 산이 쩌렁쩌렁 요들방정을 떤다
눈치 빠른 구렁이 슬그머니 꼬리를 감춘다
한소쿠리씩 담겨오면 세상이 우리들 것

빠알간 딸기 구렁이도 먹고 우리도 먹고
팔용산 너덜겅 딸기 밭이
한 폭의 그림을 그린다
구렁이도 참석을 한다

꽃이 핀 동행

사랑이 별이 되어 쏟아진다
조약돌 믿음 서로의 신뢰는 우주다
험한 길 돌뿌리에 차이고 넘어지지만
서로의 배려와 사랑에
우주 꽃이 핀다

엄마의 행복이 딸이고
딸의 행복이 엄마다

말을 못하는 딸
폐지 줍는 것이 직업이다

딸은 엄마의 슬픈 가슴을 헤아린다
함박꽃 같은 웃음으로 엄마를 지킨다

딸이 상처 받을 까봐
노동을 희망으로
아픈 관절을 달래가며
늘 웃고 사는 엄마

서로의 신뢰속에
웃음이 바다 … 다

벚꽃 나들이

복숭아 같은 애송이
곤색 치마 반오장 흰 저고리
수줍은 강아지풀 같아도
꽃구경엔 벚꽃 마음이었다

웅촌 수원지 벚꽃 밭
해군 미국 군인들 모임을 했다
탁자 위 화려한 음식
천국 같은 느낌이었다

멀쑥한 키 마음이 쿵쾅거렸다
이쁘다고 하는 말 같고
놀다 음식 먹고 가라는 소리 같았다

원더풀 원더풀 연속하며
활짝 웃어 주었다
옛 추억이 웅촌 수원지에
수줍은 미소가 웃고 섰다

울 엄마

지붕 위 참박 넝쿨에
참박같이 달린 팔 남매

사랑 매는 들어도
미움 매를 든 역사가 없다
박꽃같이 여리고 예쁜 엄마
봉춘때기

봉암 바닷가에 살다
창원 농촌에 시집 온 울 엄마
생선을 밥 같이 먹고 산 사람
솟정 걸린다고

양동이에 고기와 해삼
가득지고 오셨다

동생과 나, 외삼촌이
해삼 알을 먹여 주며
맛있재 맛있재 하시던
옛 추억의 마당
맨드라미도 빨갛게 웃고
우리도 맛에 웃었다

봄과 가을에 취한 고향 언덕

고향길 냇가 언덕에 찔레꽃 무더기
무더기 수호천사로 섰다
나비와 입맞추며 수다를 떤다

왕벌이 심술 나 이곳저곳 들쑤신다
하얀 찔레꽃 마음씩 고와
나비 벌 왕벌까지 자리를 내어준다

향이 불렀는지 뱀가족 자갈밭에
심술스럽게 늘어져 누웠다
고향 언덕은 마술사
개울가 꽃들이 실바람에 웃는다

황새배기 서걱대면 가을에 취한
고추잠자리 황새배기 침대 잠을 잔다
말간 물 꼬로록 꼬로록 잠자리 자장가

서산 넘는 물든 언덕에
햇님두 시샘하는지
황금 노을 걷어지고 떠난다

행복이 웃는 날

햇님도 내 사랑 달님도 내 것
별도 사랑 되어 쏟아진다
보리밭 너울너울 은빛 물결
가슴은 콩닥콩닥 논다

꼭 잡은 두 손에
촉촉한 행복이 꼬무락거린다
하늘에 양떼구름도 동행해 주고
전깃줄에 앉은 참새떼
조잘조잘 대며 웃어 준다

철없던 애송이 둘
추억들은 늙지 않고
오늘도 철길에 섰다

옛 추억의 엿장수

찰칵 찰칵 가위 소리 나면
헌 양철동이가 엿장수 집에 시집가고
구멍 나지도 않은 고무신 갖다 주고
종아리 멍자국 낸 머스마들

놋숟가락 갖다 주고 혼줄 난 어린시절
엿장수 가위 소리와 논다
찰칵 찰칵 소리에 이것저것 챙겨주고
또 호되게 종아리 눈물 자국이 달린다

구멍 난 엿 한 개가 행복이었다
꼬마들의 눈물자국 속 멍자국과 함께
행복 웃음이
빙긋이 웃고 섰다

밥이 웃는 보름

정초 보름날은 오곡밥 먹는 날
오색 나물 푸짐한 버지기 찜
밥도 아홉 그릇 먹고
밭도 아홉 골 매고
똥장군도 아홉 짐 진다는 전설
일하는 날이라 했다

아홉 번 밥을 먹을 수 없지만
집집마다 밥을 챙겨 주어
배를 내밀고 다녔다

아침 일찍 찰밥을 지푸라기 오장치에 싸
절구통에 걸터앉아 먹었다
일년 내내 버짐 안 나는 비법

박꽃 웃음에 지푸라기 오장치 찰밥
어버이날 나를 찾아 온 추억
풍선처럼 하늘을 오른다

옛 고향의 노래

초가집 지붕 위 굴뚝에
연기 솟아오르면

아궁이 앞에 어머님 손이 녹는다
오글오글 모인 구들목
고구마 소쿠리와 동치미 같이 오면

추위도 잊고 맛에 취한다
사이다 맛 동치미
차가운 겨울이
맛있게 익으며
떠나고 있다

죽음 앞에도 자식 사랑

다른 시에 있는 어머님
저세상이 가까운 날을 살고 있다
애잔하고 죄스러움에

장사를 마치고 어머님 옆을 지키고과 갔다
정신이 말짱 할 때가 많다
잠들기 전 옛 이야기도 하고
잘못도 토론처럼 주고 받았다

같이 잠이 들었다
잠결에 엄마를 보니 치마 앞이 부풀어 있다
너 구두를 뚱쳐 가면 부산을 못 간다고
연탄재 옆 비닐 주워 신발을 담아
안고 계셨다

저세상이 내일인데 화산분출구 같은
어머님 사랑이었다
일주일 후 저세상 가셨다
못 잊는 자식 사랑은 죽음 앞에도
별빛이었다
사랑합니다 엄…마

우물과 개구쟁이

냉장고 역할을 톡톡히 한 우물
보리밥 대소쿠리에 담아
우물에 내려 놓았다
열무김치 망태에 매단 것 꺼내고
텃밭에 따온 고추 오이

엄마가 발라 준 멸치젓갈
노랗게 삭은 된장
지금 피자만큼 꿀맛이었다

한더위 냇개울 삼베 치마 적삼
씻어 방구(바위)에 널어놓고
물장난 치고 놀다 해가 서산에 웃고 섰다

옷 걷어 손 다리미로 쭉쭉 펴 입고
여장군 같이 으스댔다
머스마들이 놀려도 개의치 않는다

알삽한 잊을 수 없는 옛 추억
메아리 되어 흐른다

길이 만든 순두부

큰딸 작은딸 친구들이
지 엄마보다 더 좋다 거짓부랭이
인사하며 제비새끼 같이 잭잭 놀다
떠날 때는 자라목을 빼고 인사를 한다

작은 딸 친구가 숙박을 했다
된장찌개를 해주기 위해 두부 사러 갔다
월남치마 똥 폼 내던 시절
막 공사가 끝난 시면 포장길
낚시 바늘에 걸려 완전 십자로 넘어졌다
젊음이 살아 있을 때라 아픔은 도망가고

겨우 두부 봉지를 챙겨 일어서니
순두부가 되어 살아 있었다
아이 둘이 엄마 몰골을 보고 박장대소다
깎인 아픔은 선반 위에 얹어 놓고
순두부찌개를 끓였다

봄은 개구쟁이

개새미(웅덩이)서 걸레를 빨아온다
자작자작한 벼논 물 위에
누에고치가 하얗게 놓여 있다
다 주워 왔다

엄마한테 누에고치 주워왔다
자랑을 했다
빨리 그 자리에 갔다 두어라
물뱀 알을 그 때 알았다

논에 우묵 같이 울릉거리는 안에
까만 점들이 자라면
실뱀이 되는 것을 본다

물뱀 부화 보지 못해 지금도 궁금하다
꿈같은 추억 내 마음 속에
보양식 같이 남아 있다

도시락

도시락 들고 학교를 간다
머스마들은 어깨에 매고
달음박질 쳐온다

점심 때 도시락을 풀면
밥과 반찬이 비빔밥이 되어 있다
누구도 별일이 아닌 듯 웃는다

무우 장아찌 풋고추 썰어
젓갈에 무쳐준다
운이 좋은 날은 오리알 마리도 들어있다

맛있는 반찬은 내 것이 아니다
무침으로 서로 나누어먹고
화들짝 웃는다

도시락에 쏟아진 우정
아직도 추억 떠올리며
동창을 하고 있다

옥색 블라우스의 추억

버들피리 꺾어 불던 고향 언덕에
국민학교 선생님 옥색 블라우스
보리잎 바람에 휘날리는 그 모습 천사다

봄이 오면 지금도 그 보리 밭둑에 서 있다
무명 삼베옷 입은 시절
선생님 천사가 되어 밭둑을 나른다

개울가에 물장난 치다
선생님이 물에 빠졌다
다알리아꽃 같은 점호
꺽다리 금순이 금붕어 입 호선이
손을 잡고 일으키며
웃음 바다가 출렁인다

옥같은 물 은모래 몽실몽실 넙적
자기 마음대로 생긴 돌멩이들
세상의 아름다움 다 갖춘 곳

시냇가의 추억들이 그 은모래 속에
눈썹달처럼 지금도 숨어있다

숨은 토마토

유행을 몰랐을 때
얼굴 붉은 토마토가 숨어 있었다

마산 재캥이 동네
토마토 밭이 생겼다
설탕 소금 챙겨
쪽배를 타고 신바람 났다

빨갛게 익은 토마토 한소쿠리
따주면 개울가에 앉아
물장난 쳐가며
소금도 찍고 설탕도 찍어 먹으면
웃음들이 토마토 밭가에
주렁주렁 매달린다
빨갛게 익은 우정들이
토마토 같이 웃는다

행복이 버무려진 맛깔 난
옛 추억

4부

아침을 여는 창

환한 아침을 열고 나를 깨운다
산 너구리 집고양이 싸운 이야기
쥐새끼 수채 구멍에서 빼꼼이 내다보고
나갈 곳 없느냐 물어 본 이야기

거미가 슬금슬금 와서
집을 지으면 안될까요 하고
물어 본 이야기까지
일러주며 속삭인다

환한 창은 비바람도 막아주고
추위도 막아주며
달님과 별님과 사랑놀이
한것도 일러준다

언제나 말없이 집을 지키는
수호천사 창…
이바구를 참 잘한다

오륙도 햇님

촐싹이는 파도마저 잠이 들어
오륙도가 심심해 풀 죽은 모습이다

햇님은 고운 노을 꽃그림
그려 놓고
숨어 버렸다

어스럼이 내려앉은 오륙도
오늘은 외로워
찔끔 찔끔 눈물 찍는다

시집 가고픈 대추

대추나무 잠꾸러기
온갖 식물 나뭇잎 다 피어도
죽은 나무 같이 서 있다

하이얀 좁쌀같이 몽실몽실 달린다
불볕 여름 투정 몇 번 부리고 나면
파란 볼에 연지 바르고 애교를 부린다
서둘러 시집을 보낸다

미처 시집 못간 대추 아가씨
땅에 드러누워 벌레한테
시집간다고 엉엉운다

사랑 많이 달라하는
붉혀진 색깔 같이
성질도 무섭다
가을 대추 아가씨

바람 비

태풍이 우리 집에만 왔나봐요
대추나무 장독대를 보고
절하며 울고 있고

말리향 나무는
대문을 보고 이 집 살기 싫어
누워버렸어요

국화 꽃들은 목욕했다
시원하다
파랗게 웃어요

비가 와도 범나비 노랑나비
인사는 빠지지
않네요

봄이 걸음마 할 때

수선화 봄마중 나오고
자연 만물들이 기지개를 켠다
산골짝 계곡물 바다에 봄소식 전하고
산등성이 진달래 분홍 입술 입맞춤하고
청개구리 꽃구경 나온다

솔바람 그윽한 향이 실어다
강 언덕에 뿌렸다
뾰족이 내민 식물들의 입술
웃음 머금고 섰다

실바람 어깨동무한 봄비에
촉촉이 젖어 청순한 걸음마
아가야 같다
봄이 아장아장 걸어 간다

삼순과 참새

어린 아이 아침 일찍
경비로 나선다
도둑 새를 지키러
텃밭의 새를 본다

포대기를 쓴 아이는 잠이 든다
새는 좋아서 떼를 지어와
삼 싹을 무지하게 먹어버렸다

아침 밥을 먹자고
데리러 온 엄마
삼싹이 없어진 것을 알고
꾸지람 한다

그래도 즐겁기만 한
참새 쫓는 아이

봄비

창을 두드리는 봄비
사랑 손 움 틔워 손을 내민다
실바람은 봄소식 전하고

실개울에 이름모를
풀꽃이 자기 먼저 라고
나팔을 불어댄다

개구리 노칠세라
내가 먼저라고 풍선 부풀린다
봄은 오고 있는데

성질 급한 홑벚꽃
실바람에 꽃나비
되었다

가을은 오색

가을이다
파란 옷을 벗고
색동옷을 입은 먼-산
노란 바람이 분다

계곡물 색동 배 띄워
풀꽃 소식까지 태웠다
굽이굽이 부딪혀
멍이 들어도

하이얀 노래소리 유창하다
싱그러운 가을 바람도 흐르고
색동 배도 떠내려간다

옛 추억의 술래

애들아 놀자 숨바꼭질하자
가위 바위 보로 술래를 정하자
짚동 뒤에 숨자 찾지 못하게

점호가 술래다
하늘 구름 내려 오는 오후
장독 뒤에 숨고 곡간에 숨었다
짚동 뒤에 숨어 낄낄 대다가 들켰다

큰 키에 멋 적어 하는 모습 애기 같다
그 모습 호호 할머니 된 금순이
세월 속에 빙긋이 웃고
술래로 서 있다

유리창

말없이 집을 지키는 창
낮에는 햇님과 놀고
밤이면 별님과 소꿉놀이도 한다

실바람 불면 동요 노래한다
큰 바람과 놀 땐
휘휘 휘파람 소리와 같이
피아노 건반을 두드린다

태풍이 오는 날 화난 연주곡을 친다
우당탕 윙윙 무서워
창틀에 탓을 한다

봄 사알짝 연 창문에 나비가 놀러온다
참새도 창틀에 앉아 조잘조잘 대다가
사랑의 징표라며 똥을 찍 싸놓고 간다

유리창은 눈을 흘겨도 사랑이다
친구라 반짝 반짝 웃는다

아가야의 서러움

마당에 놀던 아가야가
훌훌 나는 나비 보고
잡으러 쫓아갔다

꽃밭에 넘어졌다
무릎에 빨간 물이 들었다
응앙 응앙 울었다

엄마는 빙긋이 웃고
또 웃었다
봉숭아 꽃물 같이

장마

하늘은 먹구름 깔고 앉아
왜 울기만 할까

서쪽나라로 동생 시집을 가
그립고 보고파 설리설리 울고 있을까
반짝이는 별이 숨어 울까
먹구름만 하늘에 뜨면 하늘은 운다

솜털 구름 흰구름 둥실둥실 떠가면
하늘도 벙글벙글 웃으며
햇님과 같이 섰다

먹구름아 하늘이 펑펑 울고있다
작별 인사 좀 해다오
내일은 하늘이 울지 않았으면 한다
달님 햇님
마중 나가게

바다의 소리

바다엔 파도가 산다
가지각색의 소리를 담고 있다
살랑 바람 불면
찰랑 차알랑 예쁜 소리

너울 파도가 오는 날 소용돌이치며
굉음을 내며 자갈과 합작품
우와 쏴아 왔다 가면
바닷가 자갈들이 꼬로록 꼬로록
돌의 흔들림이 연주회를 한다
바위를 괴롭힌 파도
하소연 할 곳 없어 눈물 뚝뚝
갈매기는
바위를 보듬고 위로하며
앉아 있다

가을은 오색

가을이다
파란 옷 벗고
색동옷 입은 먼- 산
노란 바람이 분다

계곡물 색동 배 띄워
풀꽃 소식까지 태웠다

굽이굽이 부딪혀
멍이 들어도

하이얀 노랫소리 유창하다
싱그러운 가을 바람도 흐르고
색동 배도 흐른다

호랑나비 범나비

봄이면 서둘러 인사 온 범나비
꽃잎마다 입 맞추며 애교를 떨다간다
마음 넉넉한 날은 숙박비도 없이
숙박을 하고 소리 없이 떠났다

여름 구름 그늘 내리워도
오지 않는다
길을 잃었는지 마음이 변했는지
꽃과 같이 기다리는 내 마음도
초초하다

마당에 서면 꽃밭에
범나비 훨훨 나래 짓이
눈에 보인다

범나비 한테 짝사랑 했나봐
내년 봄엔 일찍 찾아주겠지
아쉬운 마음 꽉 여미며
임 기다리듯 기다려야겠다

봄을 실어 온 파도

겨울을 잊지 못한 봄바다
봄이 철썩 철썩 파도에 실려 와
입맞춤을 하잔다

빤질 빤질한 몽돌은
헤프게 입술을 내밀고
온몸으로 입맞춤에 정신이 없다

갈매기가 심술나 끼룩끼룩
고함을 치고 맴돈다

봄 파도는
눈치없이 밀려 와
철썩 철썩 거린다

고향 동산이 붉다

뒷동산 참 꽃밭 찾아온 봄
개구쟁이 친구들과 손잡고 올라간다
꽃 따먹고 마주보고 웃던 친구

깔깔대는 웃음소리 산울림 되고
지금도 그 메아리 들린다
참꽃잎 따 골짝 개울에 띄어 보내며
뉘를 찾아 가라 했는지
물속 발이 동동거렸다

내 것이 먼저 간다 너의 꽃이 먼저 간다
서로의 꽃에 물질을 했다
화들짝 노닐던 동심

그 꽃잎 지금도 떠내려
가고 있다

자연과 교감하는 시 세계
≪내 마음은 아직도 꽃봉오리≫
– 김소숙이 첫 시집을 읽고

문 인 선
(시평론가, 경성대 시창작아카데미 교수)

이 시집은 한 송이 꽃이 피어나는 순간을 담은 기적 같은 기록이다. 삶의 오랜 길을 걸어온 마음에도 여전히 꽃봉오리처럼 순수하고 설렘으로 가득하다. 그런 마음으로 시를 쓰기 시작했고, 마침내 첫 시집을 세상에 내놓았다. 그의 시는 화려하지 않지만, 그 안에는 자연을 향한 따뜻한 눈길, 가족을 향한 애틋한 마음, 그리고 지나온 세월을 바라보는 고요한 성찰이 담겨 있다. 도심의 틈바구니에서 피어난 풀꽃처럼, 그의 시는 작고 조용하지만 강한 생명력을 품고 있다. "꽃은 사랑이다"라고 말하는 시인의 목소리는, 단순한 시어를 넘어 삶의 철학이 된다. 임진강과 한강을 바라보며 흐르는 강물처럼, 시인의 마음도 욕심 없는 강물처럼 흐른다. 그 마음은 하얗고 투명해서, 읽는 이의 마음까지 맑게 씻어준다.

이 시집은 단지 한 권의 시집이 아니다. 이것은 한 생애가 피워낸 마음꽃이며, 삶의 끝자락에서도 여전히 피어나고자 하는 아름다운 의지의 기록이다.

나는 이 시집을 읽는 모든 이들이, 시인의 꽃봉오리 같은 마음을 통해 자신 안의 순수함을 다시금 발견하길 바라며 이 시집이, 누군가에게는 늦지 않은 시작이 될 수 있음을 기억하길 바란다.

그럼, 그의 시 몇 편을 좀 더 친절하게 소개하고자 한다.

1. 철학이 된 꽃- 꽃은 사랑이다

꽃을 마다하는 이 어디 있으랴마는 김소숙이 시인은 유독 꽃을 좋아해서 마당에 꽃을 많이 심어놓고 가꾸고 있다고 한다. 철철이 꽃을 피우니 꽃에 관한 얘기가 많다. 꽃을 가꾸자니 자연히 꽃과 대화를 나누기도 한다. <꽃이 품은 사랑은 우주다> 라는 시를 보자.

필자는 이 시의 제목을 처음 대했을 때 가슴이 떨렸다. 이렇게 큰 메시지를 담다니!

꽃은 사랑이다
자연 속에서
뽀족이 태어나와 웃고 섰다

세상의 아름다운 마음
품고선 천사다
때 묻지 않은 마음들을
솔솔 바람에 날리며

마알간 마음으로 살라고
방실방실 웃어 주는 꽃
지구의 한 자리를 차지하고
미운 마음들의 가슴에 섰다

꽃같이 웃고 살라한다
인생은 웃고 살아도
짧은 길이다

우주 속에 웃고 선 꽃들은
사랑 덩어리
지구 위에 천사다 ─ 꽃이 품은 사랑은 우주다

 "꽃이 품은 사랑은 우주다" 이 표현은 시인의 시적 감성과 철학이 응축되어 있어 독자에게 깊은 울림을 준다.
 시인은 꽃을 보면서 꽃의 순수하고 때 묻지 않은, 아름다운 사랑은 꽃 외에는 그 어디에도 찾을 수 없는 것이라고 보았다. 하여, 꽃은 '천사, 사랑 덩어리'라고 한다. 그러다가 "꽃이 품은 사랑은 우주다" 라고 탄성을 지른 것이다. 꽃은 미움도 다 품어 안는다고 보았다. 향기도 웃음도 선사하고 세상의 모든 위로란 위로를 다 하는 꽃, 꽃은 우리에게 "꽃같이 웃고 살라 한다"는 꽃의 메시지를 이 시는 전한다. 웃고 살아도 짧은 인생이라고 시인 스스로도 깨우치면서.

   실제로 시인 자신은 언제나 꽃처럼 웃으며 사람들을 대한다. 그 순수함이, 그 동심을 아직도 그대로 간직하고 있는 참으로 보기 드문 시인이기도 하다.

    남과 북이 소통하는 임진강
    한강을 만나 웃는다

    가난에 떨고 추위에 떨고
    사랑에 굶주렸어도
    강은 모든 걸 내려 놓고

    파란 마음으로 하얀 마음으로
    남으로 남으로 흐른다

    반갑다 속삭이며 바다로 흐른다
    너는 사랑을 할 줄 아는
    욕심 없는 강물

우리 모두 강물처럼 하이얀 마음이면 좋겠다

— 임진강과 한강처럼 — 시, 강

　남북 분단의 아픔은 우리 모두의 아픔이고 나라의 불행이다. 그 분단의 아픔을 강물처럼만 할 수 있다면 남과 북의 분단의 아픔도 없을 텐데 하는 안타까운 마음으로, 소통의 상징으로 강을 바라보았다. 그렇다 경계를 넘어 흐를 수 있는 강물처럼 우리도 그런다면, 저 욕심 없는 저 하이얀 강물처럼 그저 사랑으로 흐를 수만 있다면 얼마나 좋을까. 그러면 세상은 절로 평화로운 세상이 될 것이다.
　"가난에 떨고 추위에 떨고/사랑에 굶주렸어도/강은 모든 걸 내려 놓고/파란 마음으로 하얀 마음으로/남으로 남으로 흐른다."
　저 강물은 6. 25의 모진 상처도 다 내려놓고 지금은 파란 마음 하얀 마음으로 흐르고 있지 않느냐고. 저 강물처럼 우리도 그러면 안되겠느냐고 평화에 대한 깊은 성찰과 메시지를 던지고 있다.

　위의 시 두 편이 사랑과 평화에 대한 욕망을, 이 자연인 꽃과 강물을 통하여 강렬하게 표출하고 있는 것이다. 우리 모두에게 메시지를 던지고 있는 것이다.
　자연과 사랑, 그리고 평화에 대한 깊은 성찰을

담고 있는 이 두 편의 시가 서로를 비추며 하나의 크나큰 메시지로 큰 울림을 주면서….

2. 삶의 의지와 무소유의 철학

숨 쉴 곳 없이 다져진 세면길
골목 틈바구니에 이름 모를 풀꽃
새근새근 누워 잠을 잔다

겨울 내내 그 찬 틈바구니에서 버텨내어
봄 살랑 바람에
비집고 올라와 자기만의 좁은
아파트를 만들었다

가족과 같이 손을 잡고 봄이라고
옥색 하늘을 본다

세찬 바람, 행인의 스침에도 개의치 않고
우린 풀꽃 가족이다
뚝심으로 산다

영역 자랑을 꽃으로 승부 건다.
눈여겨 보아주지 않아도
틈바구니 풀꽃 쾌활하게 웃고 섰다

가족의 손을 잡고

해님 보고 방실 방실 — 생존

온통 시멘트 바닥인 이 도심 속 골목 틈바구니에서 애처롭게 피어난 풀꽃을 시인은 그냥 지나치지 않는다. "세찬 바람, 행인의 스침에도 개의치 않고/ 우린 풀꽃 가족이다/뚝심으로 산다."

그 풀꽃에서 생존의 의지와 가족의 연대를 발견하게 된다. 작지만 따뜻한 생명력이 돋보인다. "영역 자랑을 꽃으로 승부 건다" 영역 자랑을 꽃으로 승부한다고 한다. 그렇다. 꽃을 피우는 의지, 그 향기로운 꽃 앞에 누가 함부로 하겠는가? 기죽지 않고 가족과 손잡고 해님 보고 방실방실 웃고 있다고 한다. 읽는 독자 역시 그 꽃에게 응원을 보내지 않을 수 없다.

다음 시, 오륙도 바다를 보자

-먼 수평선 배들이 점같이 떠 있다
등대가 오가는 뱃길 지키고
철썩이는 바다는 안식을 취한다

왁자하던 인파는 방파제를 내어주고
다들 돌아갔다

별빛은 유난이 반짝이며
등대와 오륙도를 지킨다
먼 수평선은 어스럼이 내려앉은

풍경들로 작품을 만들었다

고기잡이 어선은 바다에
꽃등불 밝히고 바다의 대어를 낚는다

나는
바닷가에 앉아 수평선 한 가슴 안고
하늘을 이고 있노라면

세상은 등기 없는 내 것이다

살며시 눈을 감고 마음꽃 피워본다
지나간 세월 파도같이
마음 밭에 앉아 있다 ― 오륙도 바다

"세상은 등기 없는 내 것이다" 통 큰 이 시인을 보자. 이 한 구절이 이 시인의 마음을, 삶의 자세를 다 말해주고 있다 할 것이다. 그는 무욕한 사람이고, 그는 누구보다 가슴이 넓은 사람이다. 가장 동심이면서 가장 통 큰 시인, 그가 바로 여기 김소숙이 시인이다. 그의 자택이 오륙도 바다를 앞에 두고 바라보는 곳에 있다. 여름이면 사람들의 집합 장소가 되는 바닷가, 자기가 놀던 곳을 소중히 여기기보다, 쓰레기를 남긴 흔적이 더 많은 백사장, 그는 노구를 힘들다 아끼는 법 없이 나가서 홀로 쓰레기를 줍고 청소를 하는 또한 봉사 정신이 투철한 시인이다. 어쩌면 그 바다는 소숙이 시인님 바다가 맞는지도 모르겠다. 그 바닷가에 나 앉아 지난날을 조용히 회상하며 "세상은 등기 없는 내 것이다" 라고 소유를 초월한 삶의 태도를 시적으로 형상화하고 있다
 '자연을 소중히 하라. 무욕은 곧 나의 평화요 세상의 평화가 될테니까' 라는 메시지를 우리에게 던지고 있다 할 것이다.
 자연은 우리에게 이렇게 평화와 사랑을 안겨준다는 것을 새삼 이 시인의 시에서 배우게 된다.

3. 동심과 상상력의 세계

 창 하나를 두고 이렇게 동물들의 이야기와 자연의 속삭임을 동화처럼 풀어내다니 놀랍다. 아니 이건 동화다. 아름다운 동화, 아침에 창을 열면서 시작되는 창과의 대화, 안과 밖을 지켜준 창의 이야기가 이렇게 많다니! 정말 놀랍다. 그럼, 좀 더 시를 놓고 살펴보기로 하자.

> 환한 아침을 열고 나를 깨운다
> 산 너구리 집 고양이 싸운 이야기
> 쥐새끼 수채 구멍에서 빼꼼이 내다보고
> 나갈 곳 없느냐 물어본 이야기

거미가 슬금슬금 와서
"집을 지으면 안될까요?" 하고
물어본 이야기까지 일러주며 속삭인다

환한 창은 비바람도 막아주고
추위도 막아주며
달님과 별님과 사랑놀이
한 것도 일러준다

언제나 말없이 집을 지키는
수호천사 창
이바구도 참 잘 한다 ― 아침을 여는 창

 김소숙이 시인님의 시를 읽어 가노라면 깜짝깜짝 놀라운 시가 참 많다. 놀랍고 기분이 좋아진다. 동화 같은 시, 그러면서도 그 속에서 딱 발견해 내는 의미가 놀랍다. 이 <아침을 여는 창>에서도 창을 "수호천사"라고 명명하고 있다. 시적인 뿐만 아니라 현실적으로도 얼마나 적확한 표현이다. 그런데 우리는 아무도 그런 발견이나 의미 부여를 미처 하지 못했다. 그런데 이 시인은 자연스럽게 찾아내고 있다. 창문과 이렇게 많은 대화를 나누는 시는 지금까지 그 어디서도 읽은 적이 없으니. 그것만으로도 대단하다고 하겠다.

 "쥐새끼 수채 구멍에서 빼꼼이 내다보고/나갈 곳

없느냐 물어본 이야기"

"거미가 슬금슬금 와서/"집을 지으면 안될까요?" 하고/"물어본 이야기까지 일러주며 속삭인다" 이런 이야기를 창과 시인이 나누는 모습, 상상만 해도 아름답다. 뿐만 아니라 달님과 별님이 사랑놀음 한 것까지 일러준단다. 읽는 독자도 이렇게 즐거운 마음이 될 수가 없다.

다음은 오륙도 햇님을 볼까요

촐싹이는 파도마저 잠이 들어
오륙도가 심심해 풀죽은 모습이다

햇님은 고운 노을 꽃 그림
그려 놓고
숨어 버렸다

어스름이 내려앉은 오륙도
오늘은 외로워
찔끔찔끔 눈물 찍는다 ―오륙도 햇님

어쩐지 그 모습이 안쓰럽고 애틋하다. 동화 속 소녀 같은, 아이 같은 이 시인도 이리 외롭고 풀죽은 때가 있나 보다.

어스름이 내려앉은 오륙도를 바라보는 시인의 마음이 오늘은 많이 외롭다. 찔끔찔끔 눈물까지 찍고 있다. 그래, 오히려 이건 인간적으로 느껴진다.

창과도 온갖 대화를 나누는 시인, 그 순수와 천진이 외로우면 아이처럼 울 것 같다.

이렇게 그의 시는 자연의 모습에서 인간의 희로애락을 찾아낸다. 참 시인이라 할 것이다.

4. 무정한 세월과 이별의 기억

젊은 한 때 열정과 추억이 없었던 사람이 있겠냐마는 유독 이 시인은 젊은 시절의 추억이 더 절절한 모양이다. 다음 시를 읽는 독자도 곁에서 보는 듯 가슴이 뭉클하고 안타깝게 느껴진다.

시 <엊그제의 젊음>을 시를 보자.

> 소나무야 소나무야
> 너는 내 마음 알겠재
> 아직도 가슴이 꽃봉오리라는 것도
> 산을 오르는 마음도
>
> 소나무야 말 좀 해 보렴
> 나도 한땐 최고봉을
> 주름 답은 역사가 있다
>
> 추적추적 내리는 비를 헤집고
> 앞만 보고 올라간 천안봉

안개 속에선 표지석 얼싸안고
비와 뒹굴며
소리소리 토한 젊음도 추억으로 남아 있다

솔바람이 추억 물고
산을 오르고 있다
소나무야 소나무야
너는 알겠재 — 엊그제의 젊음

"소나무야 소나무야/너는 내 마음 알겠재" 이 소나무를 부르는 소리 속에 간절하고 애절한 마음이 담겨 있음을 독자 가슴에도 연방 전달이 되어 온다. "아직도 내 마음 꽃봉오리라는 것도"
한 때 최고봉을 주름 잡았던/ 역사가 있는 것도 "소나무 너는 지켜보았지 않느냐고,"
마음은 여전히 그때와 같은데, 몸이 따라주지 않는 안타까움을 시인은 소나무에게 토로한다.
세월은 왜 흘러버려서 이렇게 나를 슬프게 하냐고 엊그제까지도 젊음이 있었던 것 같은데 어느새 거뜬히 오르던 산도 이젠 마음대로 오를 수가 없으니 견딜 수 없는 허무함을 소나무에게 토로하고 있다. 여기서 소나무, 자연은 증인이 되고 위로자가 된다. 자연을 사랑하는 시인이기에 더욱 그렇다.

사랑이 그림자 되어 운다
이별이 아쉬워

달빛 속을 걷는다

　　별빛이 내리는 징검다리
　　떠난 임 그림자 지우며 운다

　　사랑은 잊지 못할 허무
　　보리깜부기 뽑아 먹고
　　까만 입술 마주 보고
　　사랑 피운 시절
　　그 추억까지 잊었을까

　　보리 밭둑 속삭이던 사랑
　　보리 대궁 피리 소리만
　　들길에 숨어 운다 - 보리밭 사랑

　이별과 사랑의 회상이 애틋하게 그려져 있는 시다. 누구와의 이별인지는 알 수 없으나 어린 시절 고향에서 함께 했던 추억이 있나 보다. "보리깜부기 뽑아 먹고/ 까만 입술 마주보고 /사랑 피운 시절"을 회상하는 걸 보면. 그날의 친구 혹은 연인과의 이별이 서러워 운다고 한다.
　마냥 꽃처럼 웃고 행복해하기만 하던 시인도 이별 앞에서는 서럽다.
　"보리대궁 피리 소리만/ 들길에 숨어 운다" 추억의 회상, 이별의 서러움을 절묘하게 시적으로 형상화 해 내었다 하겠다.

5. 늦깎이 시인이 전하는 삶의 메시지

 이렇게 김소숙이 시인님, 그의 시는 소녀적 동심과 사랑으로 꽃과 강, 바다 등 자연과 교감하고 사랑과 평화를 그 속에서 발견한다. 자연의 메시지를 전할 때는 우리 모두가 반성케 하기도 하고. 또는 독자에게도 함께 즐거움을 선사하기도 한다. 시인은 또한 슬픔도 서러움도 자연과 나누고 자연에게서 위로를 받는다. 그럴 땐 독자도 함께 안타까운 마음이 된다.
 젊음도 세월 따라가는 것을 붙들지 못하는 현실 앞에 그 허무함을 소나무를 붙들고 토로할 때는 독자도 이루 말할 수 없이 안타까운 마음에 휩싸이게 한다. 그의 시는 희로애락을 자연과 함께 웃고 웃는다.

 그는 늦깎이 시인이지만, '늦은 것이 곧 이른 것이다'라는 진리를 그의 삶에서 발견하게 된다. "청춘이란 인생의 어느 한 시기가 아니라 마음가짐을 뜻한다"는 사무엘 울만의 청춘을 그에게서 본다. 그는 활짝 핀 꽃이 아니라, 여전히 피어나려는 꽃봉오리다. 그는 젊은 우리들이 아니 나이 드신 분들도 다 같이 배울 점이 많은 시인이다. 내내 건강을 기원하며.

김소숙이 시집
내 마음은 아직도 꽃봉오리

초판1쇄 발행 2025년 8월 25일

지은이 김소숙이
펴낸이 이길안
펴낸곳 세종출판사

주소 부산광역시 중구 흑교로 71번길 12 (보수동2가)
전화 051 – 463 – 5898, 253 – 2213~5
팩스 051 – 248 – 4880
전자우편 sjpl5898@daum.net
출판등록 제02-01-96

ISBN 979-11-5979-806-1 03810

정가 13,000원

이 책은 저작권법에 따라 보호받는 저작물이므로 무단전재와 무단복제를 금지하며,
이 책 내용의 전부 또는 일부 내용을 재사용하려면 사전에 저작권자와 세종출판사의
동의를 받아야 합니다.

* 잘못된 책은 교환해 드립니다.